NOTES

A PROPOS DE DOCUMENTS

RELATIFS A

L'EXPÉDITION FRANÇAISE EN ÉGYPTE

Par M. OCTAVE BORELLI.

Extrait du Bulletin de l'Institut Égyptien

de l'année 1887.

LE CAIRE

IMPRIMERIE NOUVELLE JULES BARBIER

1888

Communication à l'Institut Égyptien dans sa séance du 4 Mars 1887.

NOTES A PROPOS DE DOCUMENTS

Relatifs à

L'EXPÉDITION FRANÇAISE EN ÉGYPTE

Par M. OCTAVE BORELLI

Une circonstance fortuite m'a permis de recueillir un certain nombre de pièces manuscrites ou imprimées, en langue française ou en langue arabe, du temps de l'expédition française. Je les ai examinées et rapprochées de l'histoire. Quelques unes sont des textes originaux, d'autres sont des copies ou des traductions ; les unes se réfèrent à des événements politiques, les autres à des questions d'ordre administratif. Beaucoup sont connues par des mentions ou des reproductions ; elles ne justifient plus guère qu'une curiosité relative. Telles qu'elles sont cependant et replacées dans leur cadre historique, ces pièces m'ont paru offrir encore quelque intérêt.

J'ose donc vous communiquer partiellement ma modeste trouvaille, sans prétention déplacée en vous demandant, pour m'excuser, la permission de vous distraire quelques instants de vos travaux scientifiques.

Dans mes recherches, j'ai recouru principalement aux sources suivantes :

Thibaudeau — *Histoire de la Campagne d'Égypte*, Paris, 1839 ;

F. J. L. Roy — *Les Français en Égypte*. Tours, 1873 ;

S. C. H. .... n — *Conquêtes des Français en Égypte*, Paris, an VII ;

Berthier — *Mémoires du Maréchal Berthier*, Paris, 1827 ;

Reynier — *Mémoires du Comte Reynier*, Paris, 1827 ;

Cheikh Abd el-Rahman el-Gabarti el-Hanafi — *Histoire arabe de l'Égypte*, Le Caire, 1221, (1807) ;

Abdellatif — *Relations d'Égypte* ;

Le *Courrier de l'Égypte* — Journal créé au Caire le 12 fructidor an VI ;

La *Décade Égyptienne* — Recueil en forme de journal créé au Caire en l'an VII ;

Pièces diverses officielles, relatives aux opérations militaires et politiques du général Bonaparte en Égypte, Paris, Didot, an VII ;

Estève — *Trésorerie Nationale* — Instruction concernant le service de la trésorerie donnée aux payeurs divisionnaires de l'armée de la Méditerranée, le Caire, Imprimerie Nationale, an VI.

C'est mon devoir de vous citer ces auteurs, parce que, dans ma communication à votre compagnie, je ne me bornerai pas à les invoquer comme des témoins ou des autorités, je leur emprunterai les éléments de mes récits. Enfin, Messieurs, pour éviter qu'on m'attribue un honneur qui ne m'appartient pas, je dois vous mentionner la collaboration de M. Saddik Kamel, à qui je dois la traduction, souvent difficile, de mes vieux textes.

Afin de ne point abuser de la bienveillance que vous m'accordez, je vous entretiendrai seulement au cours de cette séance, de quelques pièces relatives à des événements politiques qui se sont déroulés en Égypte, pendant le séjour du général Bonaparte, c'est-à-dire du 1ᵉʳ juillet 1798 au 22 août 1799. Si ces ressouvenirs vous intéressent comme ils m'ont captivé, si vous ne les jugez pas trop indignes de votre attention, je les reprendrai quand vous aurez le loisir de m'entendre une autre fois.

Vous savez, Messieurs, que Bonaparte s'arrêta à Malte avant d'arriver en Égypte. Quelques désordres s'étaient produits pendant la descente des troupes françaises dans cette île. Pour prévenir des excès qui auraient démoralisé l'armée, dissipé ses ressources et indisposé les Égyptiens, Bonaparte, à bord de l'*Orient,* neuf jours avant le débarquement, rédigea un ordre sous forme d'arrêté en douze articles, édictant les peines les plus sévères contre les soldats qui se rendraient coupables de pillage, de viol ou de dilapidation. Ce n'était plus le général qui, sur le sol européen, parlait à son armée le langage de l'honneur ; c'était le chef d'une expédition lointaine, le fondateur d'une colonie dont le bras de fer devait contenir ses soldats dans la discipline et l'obéissance.

L'article 1ᵉʳ de cet ordre est ainsi conçu :

« Tout individu de l'armée qui aura pillé ou violé, sera fusillé. »

Ce document est trop connu pour que je vous attarde à en écouter la lecture ; il est reproduit par Thibaudeau et par l'auteur anonyme des *Conquêtes des Français en Égypte* (*). Il fut distribué à toute la flotte et lu à bord de chaque navire ; je vous en représente un exemplaire manuscrit, qui ne porte pas de signature ; son écriture rapprochée de celle d'autres documents, témoigne qu'il est une des copies distribuées en mer, pour l'usage des commandants de troupes ou des ordonnateurs de paiement.

Le 1ᵉʳ juillet 1798, la flotte se trouvait réunie devant Alexandrie. Le général en chef fit immédiatement appeler le consul de France Barcevich, pour être renseigné sur les dispositions de la population et sur les mouvements de la flotte anglaise dont il n'ignorait pas la présence dans ces parages. Barcevich raconta, en effet, que le 28 juin, quatorze vaisseaux de ligne anglais avaient paru à trois milles d'Alexandrie et avaient fait voile dans la direction du Nord-Est ; il ajouta que la présence des bâtiments français avait déjà occasionné une grande surexcitation contre les chrétiens, et que la ville et les ports paraissaient disposés à se défendre contre tout débarquement.

(*) *Conquête des Français en Égypte*, p 304. — Thibaudeau. Tome 1, p. 427.

Dans la nuit même, les troupes mirent pied à terre dans l'anse du Marabout. Menou débarqua le premier avec 1800 hommes ; vint ensuite Kléber avec 1000 hommes et enfin Bon avec 1500 hommes.

Chevaux et canons avaient été laissés à bord. Bonaparte voulait mettre à profit l'obscurité pour s'approcher de la ville. Le 2 juillet, à 2 heures 1/2 du matin, les troupes commencèrent leur marche en avant sur trois colonnes. Bonaparte, accompagné de son état-major, était à pied avec l'avant-garde. Il avait recommandé à Caffarelli, qui était affligé d'une jambe de bois, (et que les Arabes devaient appeler dans la suite Abou-Kachaba), d'attendre qu'on eût débarqué un cheval ; ce brave officier, sourd à toutes les instances, voulut partager avec le général en chef, les fatigues d'une marche pénible dans le sable.

Une demi-heure avant le jour, les Arabes attaquèrent les avant-postes de l'armée et la fusillade s'engagea.

A deux kilomètres d'Alexandrie, un groupe de cavaliers bédouins se montra sur une hauteur, et s'enfonça dans le désert à l'approche des Français.

Cependant, Bonaparte voulait éviter l'effusion du sang ; il donna ordre à chaque colonne de s'arrêter à une portée de canon en avant des remparts ; mais au moment où il prenait ses dispositions pour parlementer, des hurlements effroyables d'hommes, de femmes et d'enfants se firent entendre ; en même temps, de mauvaises pièces de canons commencèrent un feu plus bruyant que meurtrier. Bonaparte fit battre la charge. La fureur des Arabes s'accrût. Les Français s'avancèrent vers l'enceinte et malgré le feu et une grêle de pierres, ils escaladèrent les murailles. Menou s'élança le premier, reçut six blessures et fut précipité du haut des remparts. Kléber fut atteint d'une balle au front et renversé.

Koraïm, gouverneur d'Alexandrie, ayant pris Menou pour le général en chef et le croyant mort, redoubla d'ardeur. Les troupes avaient l'ordre de ne pas entrer dans la ville, et de se reformer sur les hauteurs qui dominent les ports. Mais les soldats, exaspérés par la résistance des Arabes, avaient pénétré derrière les murailles, et, dans les rues, s'était engagée une fusillade meurtrière. Bonaparte fit alors appeler le commandant d'un bateau turc qui était dans le port-vieux et le chargea de porter aux habitants d'Alexandrie, des paroles de paix en les rassurant sur ses intentions. Les imans et les cheiks se rendirent auprès de Bonaparte et, dans la nuit, Koraïm fit sa soumission.

Dès que les premiers pourparlers furent ouverts, Bonaparte remit aux négociateurs des copies d'une proclamation écrite et signée à bord de l'*Orient*, avant le débarquement.

Des exemplaires de la proclamation célèbre furent ensuite répandus à profusion, dans les tribus arabes et dans toute la Basse-Égypte. Ils furent colportés dans tout l'Empire Ottoman, par des esclaves turcs, délivrés à Malte, emmenés avec la flotte, mis en liberté sur le sol égyptien et renvoyés dans leur pays. Les uns s'acheminèrent vers la Tripolitaine, l'Algérie et le Maroc; les autres vers la Syrie, Damas, Smyrne et Constantinople.

J'ai l'honneur de produire devant vous, un des exemplaires originaux de ce document historique. Il est écrit en arabe par une main évidemment européenne; il est accompagné d'une traduction originale, car bien qu'il ait été d'abord conçu en langue française, le général en chef exigea qu'il fût traduit, pour en contrôler le sens exact et la portée.

Les historiographes ont enregistré cette proclamation d'une façon imparfaite ou incomplète (*) ; de plus, ils ont généralement omis l'ordre du jour, qui lui sert de complément.

En voici une traduction fidèle et presque littérale :

Traduction d'une proclamation du général en chef, Bonaparte, au peuple d'Égypte, 13 messidor an VI.

« Au nom de Dieu Clément et Miséricordieux, il n'y
« a de Dieu que Dieu, il n'y a ni fils ni associé dans
« son règne ».

« De la part de la République Française, fondée
« sur la base de la liberté et de l'égalité, le général
« en chef, Bonaparte, « Emir » (**) des troupes fran-
« çaises, fait savoir à tous les habitants de l'Égypte
« que depuis longtemps les « Sangiaks » (***) qui

(*) *Conquête des Français en Égypte,* p. 319.
    Rey, p. 48;
    Thibaudeau, t. 1, p. 144;
    Pièces diverses, t. 1, p. 233 ;
    El-Gabarti, t. 3, p. 40.
(**) Prince.
(***) Beys.

« règnent dans les pays égyptiens, agissent avec
« dédain et mépris à l'égard de la nation française,
« dont ils oppriment les négociants par toutes sortes
« d'exactions et d'usurpations, mais que l'heure de
« leur châtiment est arrivée.

« Quel malheur n'est-ce pas que depuis si long-
« temps, cette bande de «Mamelouks» (*) importés
« des montagnes de l'« Abaza » (**) et du « Kourgi-
« stan » (***) tyrannisent les plus belles contrées du
« monde entier? Mais le Tout-Puissant, Dieu de
« l'univers, a décidé la fin de leur empire !

« Égyptiens, on vous a dit déjà que je n'ai débarqué
« ici que pour détruire votre religion, mais c'est un men-
« songe. Ne le croyez pas; répondez aux calomniateurs
« que je ne suis venu à vous, que pour sauver vos droits
« des mains des hommes injustes, et que, plus que
« les Mamelouks, j'adore le Dieu Très-Haut et je res-
« pecte son prophète Mohamed et le Grand Coran.
« Dites leur aussi que tous les hommes sont égaux
« devant Dieu, et que la sagesse, les vertus et les
« talents mettent seuls de la différence entr'eux. Mais
« quelle sagesse, quelle vertu et quel talent distinguent
« les Mamelouks, pour qu'ils possèdent seuls ce qui
« rend la vie douce en ce monde ? — Cependant, là
« où la terre est fertile, elle appartient aux Mame-
« louks ; les plus belles femmes, les meilleurs chevaux,

(*) Esclaves.
(**) Caucase.
(***) Géorgie.

« les plus charmantes habitations, tout cela leur
« appartient exclusivement.

« Si la terre d'Égypte est leur domaine, qu'ils pro-
« duisent le hodjet (*) que Dieu leur en a écrit et
« donné ! Mais le Père de tous les peuples est Tout-
« puissant et Juste, et par Son Aide Suprême, d'ores
« et déjà, aucun des habitants de l'Égypte n'est plus
« privé d'atteindre les hautes positions et de conquérir
« les grades et les distinctions; les sages, les vertueux et
« les instruits prendront en mains l'administration des
« affaires ; ainsi toute la population sera heureuse.

« Jadis, il y avait en Égypte des villes opulentes,
« des canaux larges, un commerce étendu ; tout cela
« n'a été anéanti que par l'ambition et l'iniquité des
« Mamelouks.

« Juges, « Cheiks » (**), « Aiemmas » (***), « Chor-
« baghis » (****) et vous, notables du pays, dites à votre
« nation que les Français sont, eux aussi, de bons
« musulmans, et la preuve en est qu'ils sont entrés
« dans Rome et qu'ils y ont renversé le siège du Pape
« qui exhortait toujours les chrétiens à faire la guerre
« aux musulmans. Ils se sont ensuite rendus à l'ile de
« Malte d'où ils ont chassé les chevaliers, qui préten-
« daient que le Dieu Très-Haut leur impose la guerre
« aux musulmans. Les Français ont été, à tous mo-
« ments, les amis les plus sincères du « Sultan Otto-

(*) Titre légal de propriété.
(**) Chefs par ancienneté, vieillesse ou mérite.
(***) Chefs religieux ou chefs de corporation.
(****) Propriétaires.

« man ». — Que Dieu perpétue son règne — et les
« ennemis de ses ennemis! Au contraire, les Mamelouks
« ont méconnu l'autorité du Sultan, en ne se confor-
« mant pas à ses ordres ; ils n'ont jamais obéi qu'à
« leurs propres convoitises.

« Bienheureux et bienheureux seront les habitants
« de l'Égypte qui se joindront à nous sans retard, car
« ils se réléveront et prospéreront ; bienheureux aussi
« ceux qui resteront neutres dans leurs foyers, car
« quand ils nous connaîtront mieux, ils s'empresseront
« de se ranger avec nous loyalement.

« Mais malheur et malheur à ceux qui s'uniront aux
« Mamelouks et qui s'armeront contre nous ; ils ne
« trouveront pas la voie du salut et ils périront ! »

« Article Premier

« Tous les villages situés dans un rayon de trois
« heures des lieux que traverse l'armée française
« doivent envoyer au général de l'armée quelques
« commissaires de leur part pour lui faire savoir qu'ils
« se sont soumis et qu'ils ont arboré le drapeau fran-
« çais qui est blanc, bleu et rouge, *(sic)*.

« Art. 2

« Tout village qui se soulèvera contre l'armée fran-
« çaise sera détruit par le feu.

(Là s'arrête le texte arabe de mon manuscrit ; mais
l'ancienne traduction contient les articles suivants) :

« Art. 3

« Tout village qui se soumettra à l'armée française

« arborera le drapeau français réuni au drapeau du
« Sultan ottoman, notre ami pour toujours.

« ART. 4

« Les cheiks, dans tous les pays, mettront les scellés
« sur les domaines et les maisons, ou autres propriétés
« appartenant aux Mamelouks, et ils seront responsa-
« bles pour que rien n'en soit détourné.

« ART. 5

« Il est enjoint aux cheiks, aux cadys et aux imans,
« d'ordonner à leurs subordonnés et à tous les habi-
« tants du pays, de rester tranquilles dans leurs mai-
« sons; de même aussi de faire les prières dans les
« mosquées, suivant la coutume des Égyptiens;— qu'ils
« les y rassemblent pour rendre grâce à la faveur du
« Dieu Très-Haut, seul adorable, du renversement de
« la puissance des Mamelouks, en disant d'une voix
« élevée : « *que Dieu éternise la gloire du Sultan*
« *Ottoman! Que Dieu éternise la gloire de l'armée*
« *française! Que Dieu maudisse les Mamelouks et*
« *qu'il rende heureux les peuples d'Égypte !* ».
« Fait au camp d'Alexandrie, le 13 du mois de Mes-
« sidor an VII de la fondation de la République Fran-
« çaise, c'est-à-dire dans la dernière moitié du mois de
« Moharrem de l'an 1213 de l'hégire. »

Vous me permettrez, Messieurs, de vous donner ici
quelques renseignements, bien peu connus, sur la ma-
nière dont les événements d'Alexandrie furent connus
au Caire, et sur l'accueil qui fut fait à ces graves nouvelles. Je les emprunte à El-Gabarti.

Le 10 Moharrem 1213 (29 juin 1798) des lettres annoncèrent que le 1er Moharrem (27 juin 1798), une flotte anglaise de dix vaisseaux s'était arrêtée en vue d'Alexandrie, et que bientôt après, quinze autres vaisseaux l'avaient rejointe.

L'inquiétude se serait promptement répandue dans la population. Une petite embarcation vint accoster ; dix hommes débarquèrent et se rendirent aussitôt chez Koraïm. Ils déclarèrent qu'ils étaient Anglais et qu'ils étaient venus à la recherche des Français. Ils ajoutèrent : « Les Français sont sortis de leurs ports « avec une grande escadre pour une destination que « nous ignorons ; mais nous croyons qu'ils ont l'inten« tion de vous attaquer et nous craignons que vous ne « puissiez vous défendre. » — Koraïm soupçonnant une ruse, déclina cette offre de services à peine déguisée. Les parlementaires anglais reprirent : « Nous nous « arrêterons avec nos vaisseaux en pleine mer pour « protéger votre port ; fournissez-nous seulement de « l'eau et des vivres. » Koraïm et les cheiks qui l'entou« raient refusèrent en disant : « Ce pays appartient au « Sultan et ne doit être accessible ni aux Français « ni aux autres. » — Les Anglais reprirent la mer.

« Cela fut ainsi, continue El-Gabarti, pour que la « volonté de Dieu s'accomplisse ».

Les habitants invitèrent alors les cheiks de la Béhera à réunir des Arabes bédouins et à se rendre dans la ville, pour y défendre le port.

Quand les lettres qui contenaient ces récits eurent circulé, les conjectures et les commentaires devinrent innombrables ; mais trois jours après, d'autres lettres

rendirent le calme aux Cairotes en leur apprenant que
les vaisseaux avaient disparu ; les conjectures et les
commentaires prirent fin.

Mamelouks et grands personnages n'éprouvèrent,
parait-il, aucune émotion ; ils comptaient sur leur
force et étaient convaincus que les Européens, s'ils
osaient se présenter, ne résisteraient pas à leur impé-
tuosité ; ils les fouleraient bientôt aux pieds de leurs
chevaux.

Le 20 Moharrem (9 juillet 1798), des nouvelles d'Alexandrie, de Rosette et de Damanhour annoncèrent l'arrivée de la flotte française, le débarquement des troupes et la prise d'Alexandrie.

« Les Français, dit El-Gabarti én poursuivant son
« récit, ont proclamé la confiance et arboré leur dra-
« peau sur la ville. Ils ont mandé les notables ; ils les
« ont obligés à confisquer toutes les armes, et à porter
« la cocarde sur leur poitrine, au dessus de leurs
« vêtements. Cette cocarde se compose de trois mor-
« ceaux de drap, de soie ou de toute autre étoffe, noir,
« rouge et blanc, ronds, de la forme d'un talari, posés
« les uns sur les autres en prenant soin que chaque
« morceau soit d'une grandeur moindre que celui qui
« se trouve au dessous, de façon à laisser voir les trois
« couleurs, semblables à trois cercles concentriques. »

Cette fois, l'émotion fut générale ; la frayeur s'em-
para des habitants et plusieurs se décidèrent à sortir
immédiatement de la ville.

Ibrahim Bey se rendit à Kasr El Aïn ; il fit appeler
Mourad Bey qui se trouvait à Ghizeh, sa résidence
ordinaire, et convoqua les notables, les ulémas et les

cadis. L'assemblée réunie entra aussitôt en délibéra-
tion. Elle résolut d'abord d'envoyer une adresse à
la Sublime Porte pour l'informer des événements ;
séance tenante, l'adresse fut rédigée et confiée à
Bakri Pacha, qui devait la porter à Constantinople par
la route du continent ; elle résolut ensuite d'inviter
Mourad Bey à réunir des troupes et à marcher à la
rencontre des Français.

« On procéda sur l'heure aux préparatifs, dit encore
« El Gabarti, et l'on rassembla des matériaux et tout
« le nécessaire, dans un laps de temps de cinq jours.
« On vexa les habitants en leur prenant toutes choses,
« sans en payer le prix. Après la prière du vendredi,
« Mourad Bey forma son camp sur la *digue noire*
« et y demeura deux jours pour compléter ses troupes
« avec l'aide des Sandjaks, Aly Pacha Tarablousi et
« Nassef Pacha. Il prit avec lui un grand nombre de
« canons et une grande quantité de poudre ; puis,
« avec sa cavalerie, il prit la route d'Alexandrie,
« tandis que les marins, les Grecs et les mograbins, le
« suivaient par le Nil, sur une petite flotille. Il expé-
« dia au Caire l'ordre de forger une chaîne de fer,
« très-grosse et très-solide, d'une longueur de 130
« pics, destinée à être tendue près du fort Manghe-
« zal, d'une rive à l'autre du Nil, afin d'empêcher
« la flotte française de pénétrer dans le fleuve. Ce
« conseil lui fut donné par Aly Pacha qui voulait en
« outre défendre cette chaîne par une digue de bateaux
« armés de canons. »

Tous pensaient que les Européens ne pourraient
consommer la conquête par la voie de terre et s'atten-

daient à être attaqués par le Nil. Leur but était de gagner du temps jusqu'à l'arrivée des secours de Constantinople.

Vous savez, Messieurs, ce qui advint.

Le 20 juillet, Bonaparte était définitivement victorieux aux Pyramides ; quatre jours plus tard, c'est-à-dire le 25ᵉ jour après le débarquement à l'anse du Marabout, il entrait au Caire.

Le lendemain de la bataille, le général en chef avait signé une proclamation, invitant les notables habitants de la ville à se réunir et à constituer, pour le maintien de l'ordre public, « un Divan provisoire ». — A peine installé, il constitua définitivement ce Divan et le composa comme il suit : neuf membres, dont l'un avait la Présidence, un interprète, deux secrétaires interprètes connaissant le français et l'arabe, deux aghas spécialement chargés de la police, et deux commissions spéciales de trois membres pour la surveillance des marchés, l'entretien de la ville et l'enterrement des morts. — Le Divan devait se réunir tous les jours, à midi ; trois membres devaient siéger en permanence. Le service était confié simultanément à une garde française et à une garde turque.

Les membres du Divan prêtèrent le serment de ne rien faire contre les intérêts de l'armée. Ils s'occupèrent de questions administratives, même au delà des limites de la ville. Agrandissant ainsi la sphère de leur action, ils reconnurent qu'il leur était indispensable d'être renseignés sur les besoins et ressources des diverses parties du pays. C'est alors que Bonaparte transforma le Divan en une sorte de représentation

nationale, par l'arrêté du 20 fructidor (6 septembre)
et lui donna le nom de Divan Général.

Voici la minute arabe de cet arrêté ; il porte des
corrections de rédacteur ; c'est sans doute le texte
définitif qui fut envoyé à l'Imprimerie Nationale ; il est
reproduit en langue française par l'auteur anonyme
des « Conquêtes Françaises en Égypte » et cité par
Thibaudeau (*).

Je vous en donne la traduction :

*Traduction du décret de Bonaparte relatif à la
formation d'une Chambre de Notables.*

(20 Fructidor, an VI.)

Copie du décret émanant du général en chef, en date du 20 Fructidor, an VI de la République Française, correspondant aux derniers jours de Rabih Awal, an 1213.

« ARTICLE PREMIER

« Le *decadi* du mois de Fructidor, c'est-à-dire le
« 21 Rabih Akher, une Assemblée Générale de tous
« les notables des quatorze provinces de l'Égypte
« devra être formée.

« ART. 2

« Chaque députation devra être composée de trois

(*) *Conquêtes des Français en Égypte,* p. 355.
THIBAUDEAU, p. 325.

« *Cheiks* (*), trois négociants et trois *Fellahs* (**),
« *Cheiks Balad* (***) et *Cheiks Arab* (****).

« ART. 3

« L'Assemblée devra être formée de :

« Une députation d'Alexandrie.
« Une   »   de Rosette.
« Une   »   Damiette.
« Une   »   Gharbieh.
« Deux députations de Charkieh.
« Deux   »   Menouf.
« Une députation de Mansourah.
« Une   »   Kalioub.
« Une   »   Benha.
« Une   »   Ghizeh.
« Une   »   Ghili (*****) ou *Fili* ou *Philœ*.
« Une   »   Bahnassa.
« Une   »   Fayoum.
« Une   »   Minieh.
« Une   »   Manfalout.
« Une   »   Ghirgeh.
« Trois députations du Caire.

« ART. 4

« Il faut que les généraux et les gouvernants des

(*) Chefs.
(**) Cultivateurs.
(***) Chefs de villages.
(****) Chefs de Bédouins.
(*****) S'il faut lire *Ghili*, ce doit être *Ghieh*. — Selon l'histoire, c'est *Philœ*.

2

« dites provinces choisissent les notables en question
« parmi les personnes qui se distinguent le plus par
« leurs vertus et leur bonne administration, ainsi que
« par l'amitié qu'ils ont manifestée aux Français, au
« moment de leur arrivée en Égypte. Ils ne devront
« déléguer aucun de ceux qui ont manifesté de la
« haine contre les Français, mais ils devront nous en
« signaler les noms. »

Sur la même feuille, où est écrit le texte de l'arrêté
qui organise le Divan Général, se trouve un autre arrêté. Son importance est moindre, mais son applica-
tion donna lieu à des incidents bizarres. C'est l'ordre
aux termes duquel Bonaparte prétendit imposer à tous
les Égyptiens l'obligation de porter la cocarde tricolore.
El-Gabarti mentionne cette décision comme un simple
ordre verbal, proclamé par les autorités. D'autres histo-
riens le citent, sans le reproduire. — *Le Courrier de
l'Égypte*, seul, nous donne un texte, sans indication ni
commentaire (*). Permettez-moi de vous lire en français ce singulier document :

Copie du second décret composé de cinq articles (sic)
et émané du général en chef Bonaparte.

« ARTICLE PREMIER

« Tous les habitants de l'Égypte entière porteront la
« décoration connue sous le nom de cocarde tricolore.

(*) Conquêtes des Français en Égypte, p. 183.
  THIBAUDEAU, t. 1, p. 315.
  EL-GABARTI, t. 3, p. 17.
  Le *Courrier de l'Égypte*, N° 6.

« ART. 2

« Toutes les barques et gondoles qui sillonnent le
« fleuve du Nil devront arborer le drapeau tricolore.

« ART. 3

« Tous les généraux commandant les places — et
« tous les fonctionnaires devront, à partir du *primidi*
« de Vendémiaire, c'est-à-dire à partir du samedi 22
« Rabi-el-Tani 1213, interdire aux habitants de leurs
« circonscriptions de s'entretenir avec eux, s'ils ne sont
« porteurs de la cocarde tricolore. De même, les capi-
« taines des vaisseaux français et tous les comman-
« dants des armées qui se trouvent à Rosette, Damiette
« et Boulaq, devront informer les *Raïss* (*) des bar-
« ques et gondoles qu'ils ne peuvent circuler sur les
« eaux sans le drapeau tricolore.

« ART. 4

« Seuls, les fonctionnaires du *Divan* sont autorisés
« à porter le châle tricolore.

« ART. 5

« Le *primidi* de Vendémiaire, c'est-à-dire le 22 Ra-
« bih-Akher 1213, le drapeau tricolore doit être arboré
« tant sur le haut minaret qui se trouve dans la cita-
« delle du Caire, que sur les hauts minarets qui se
« trouvent dans les villes principales des quatorze
« provinces de l'Égypte.

(*) Patron, chef de barque.

« Tous les commandants militaires et tous les gou-
« verneurs civils doivent se conformer à ces ordres
« et les exécuter sans retard, chacun veillant à ce
« qui le concerne. »

Déjà Bonaparte, dans Alexandrie, le 3 juillet 1798,
avait ordonné aux habitants de porter la cocarde
tricolore ; il voulut étendre cette mesure à tous les
Égyptiens. Les Cairotes eurent quelque scrupule à
obéir aux ordres du général en chef. Bonaparte essaya
de vaincre personnellement les résistances. Il convoqua, dans sa demeure, les membres du Divan et quelques personnes dont l'influence était connue sur l'esprit
de la population. Il écouta leurs objections, il les réfuta
et au cours de deux longues conférences, il se livra à
une discussion théologique qui étonna les docteurs de
la loi ; il fit si bien que les membres du Divan prirent,
en sa présence, la cocarde tricolore et promirent que
bientôt tous les Égyptiens la porteraient. — Telle est
du moins la version des historiographes français ; celle
d'El-Gabarti diffère sensiblement.

« Le 20 Rabih-Awel 1213, dit l'historien arabe,
« Bonaparte manda les cheiks, et dès qu'ils furent
« réunis en sa présence, il prit les écharpes tricolores,
« composées de trois bandes : l'une blanche, l'autre
« rouge et la troisième bleue ; il posa l'une de ces
« écharpes sur l'épaule du cheik Charkaoui, qui pré-
« sidait le Divan. Mais celui-ci se fâcha, enleva
« l'écharpe, s'excusa et partit. Le drogman dit alors
« aux cheiks présents : — « Vous êtes devenus les bons
« amis du général en chef, qui a l'intention de vous

« élever et de vous honorer, par la remise de ces
« insignes ; si donc vous les portez, vous serez plus
« respectés par les soldats et par le peuple ».

« Les cheiks répondirent : — C'est bien, mais notre
« sang s'avilira devant Dieu et devant nos frères mu-
« sulmans ». Le général s'indigna, prit la parole en
« français, et certains drogmans rapportèrent qu'il
« aurait déclaré que le cheik Charkaoui ne méritait
« plus le titre de Président. Les assistants firent appel
« à la clémence et à la bonté du général et s'excusè-
« rent ; mais il répondit qu'il était indispensable que
« les insignes que l'on appelle aussi « rosettes » fus-
« sent portés par chacun, sur sa poitrine. — Les
« cheiks demandèrent à réfléchir et on convint d'un
« délai de douze jours. — Sur ces entrefaites arriva
« Cheik-el-Saadat qui, lui aussi, avait été mandé ;
« il rencontra ceux qui sortaient de la maison du géné-
« ral. — Quant il fut reçu, le général l'accueillit très-
« gracieusement et lui parla avec bienveillance, par
« l'intermédiaire du drogman. Il lui offrit une bague
« en diamants et l'invita à revenir le lendemain ; puis,
« il lui présenta une cocarde qu'il attacha lui-même sur
« ses vêtements. Cheik-el-Saadat ne dit rien, laissa
« faire, mais en sortant, il détacha la cocarde.

« Cependant ce fait ne porte pas atteinte à la religion.

« Le même jour, les employés de la police proclamè-
« rent que toute la population devait porter la cocarde
« connue sous le nom de « rosette », comme symbole
« d'obéissance et d'amitié. Beaucoup eurent de la ré-
« pugnance à se conformer à cet ordre ; d'autres,
« remarquant avec raison qu'il n'y avait là aucune

« question religieuse et qu'il s'agissait d'un ordre dont
« l'infraction pouvait entraîner des désagréments,
« adoptèrent la cocarde. Le soir même, l'ordre fut
« rétracté, mais les cheiks continuèrent à être tenus
« de porter la cocarde toutes les fois qu'ils avaient af-
« faire avec les agents du Gouvernement Français ».

Quelques semaines après, le 21 octobre, à la pointe
du jour, des attroupements tumultueux se formaient
dans divers quartiers du Caire.

Depuis longtemps, la population était travaillée par
des émissaires envoyés de Constantinople, à l'instiga-
tion des Anglais et des Russes. Un manifeste du Sultan
avait été colporté sur tout le littoral et avait pénétré
dans le pays. Les imans en faisaient la lecture dans
les mosquées ; le peuple était appelé à la guerre
sainte. De leur côté, Mourad et Ibrahim excitaient
la population à la révolte ; Menou, Dugat et Marmont
avaient grand peine à contenir ou à réprimer les sédi-
tions.

La révolte du Caire, d'après les historiographes
français, aurait été causée par l'ordre d'inscrire définitivement sur les registres des moudiriehs, au nom
de leurs tenanciers, les terres karadjis.

El-Gabarti l'attribue, avec plus de vraisemblance, à
une taxe nouvelle sur la propriété bâtie.

Quoi qu'il en soit, la population contraignit le Divan
à se rendre auprès du général en chef pour obtenir le
retrait de la mesure incriminée ; mais, au lieu d'attendre l'issue de cette démarche, les révoltés, voyant gros-
sir leur nombre et ouvrant l'oreille aux excitations des
meneurs, en vinrent à penser qu'ils étaient assez forts

pour chasser les Français. Ils se répandirent dans la ville, par bandes, et se partagèrent la besogne.

Les malheureux soldats que rencontrèrent ces forcenés furent massacrés. La maison de Caffarelli fut pillée; le général était absent; il avait accompagné Bonaparte dans une promenade à l'île de Rodah. Deux ingénieurs des ponts et chaussées, Duval et Thévenot, furent assassinés. Sur un autre point de la ville, les révoltés envahirent l'hôtel que Bonaparte avait donné aux Membres de l'Institut et à ceux de la Commission des Sciences.

Vos illustres prédécesseurs, Messieurs, se défendirent courageusement et résistèrent jusqu'à l'arrivée des troupes.

Le général Dupuis, qui commandait la place, crut pouvoir calmer la population par une démonstration militaire ; il sortit accompagné de son aide-de-camp Mory, de son interprète Beaudeuf et de quinze dragons. Bien que les rues fussent encombrées, il parvint à dissiper quelques attroupements ; mais arrivé à la rue des Vénitiens, il fut arrêté par une foule compacte. Il fit prononcer quelques paroles de pacification par son drogman ; on ne l'écouta pas. Il donna ordre aux dragons de charger. Au même instant, il fut atteint d'un coup de lance au dessous de l'aisselle gauche et blessé à mort ; son aide-de-camp fut jeté à bas de cheval ; Dupuis lui tendit la main pour l'aider à se relever ; mais ce mouvement ouvrit un large passage au sang qui s'épanchait de sa blessure ; il perdit connaissance. On le transporta dans la maison de Junot, son ami, aide-de-camp de Bonaparte ; il y expira un quart-d'heure après.

Dès ce moment, la terreur se répandit partout. Le canon d'alarme se fit entendre ; la fusillade s'engagea dans toutes les rues. Les gens riches se réfugièrent au fond de leur harem et les femmes, du haut des terrasses, poussèrent des cris de désespoir. Les *insurgés*, au nombre de 15,000 environ, se concentrèrent dans El-Hazar, qu'ils fortifièrent, et firent appel aux Bédouins. Vers midi, un convoi de blessés revenant de Salahieh fut assailli et massacré.

La nuit ramena le calme ; les révoltés en profitèrent pour se renforcer.

Le 22 octobre au matin, sept ou huit cents Bédouins interceptaient les communications entre la ville et le faubourg de Boulaq. Bonaparte envoya pour les dissiper le chef d'escadron Sulkowski avec 200 chevaux. Sulkowski chargea les Bédouins, les poursuivit et nettoya les environs de la ville ; mais il fut assailli, à son retour, par la populace, près de Bab-el-Nasr ; son cheval s'abattit, et ce malheureux officier tomba percé de plusieurs coups de lance.

Pendant la nuit, le général Dommartin avait établi son artillerie sur le revers du Mokatam, entre la citadelle et Koubéh, dominant la mosquée d'El-Hazar.

Bonaparte somma les chefs de l'insurrection de se rendre ; ils prirent cette mesure d'humanité pour une marque de faiblesse et refusèrent. La mosquée fut alors cernée par quatre colonnes d'attaque et la citadelle commença le feu en même temps que les batteries du général Dommartin.

Il était quatre heures après-midi. — A six heures, les insurgés demandèrent grâce et promirent de faire une soumission entière. Bonaparte leur tint rigueur pendant une heure encore ; puis, quand il apprit que ces malheureux, précédés de leurs cheiks, après avoir jeté leurs armes, s'avançaient vers les troupes françaises, il ordonna de cesser le feu et de les recevoir à merci.

El-Gabarti désigne comme principal instigateur de cette sanglante sédition, Saïd Badr-el-Mokadem, du quartier Hassanieh, qui réussit à s'évader et, comme ses complices, le cheik Soliman El-Gasaki, le cheik Ahmed El-Charkaoui, le cheik Abdel Ouahab El-Chebraoui, le cheik Youssef El-Masliki, le cheik Ibrahim El-Beraoui et Ibrahim Effendi, comptable de l'administration des subsistances, qui avait caché chez lui des Mamelouks et des armes.

Quand l'ordre matériel fut rétabli, des proclamations furent rédigées pour calmer les esprits et rétablir la confiance publique. Des agents reçurent mission de colporter la bonne nouvelle, en parcourant les provinces, dans un but de pacification générale.

J'ai l'honneur de présenter à l'Institut deux de ces proclamations. La première est en forme de simple copie ; je pense qu'elle était destinée à l'Imprimerie ; elle porte la date du 2 brumaire an VII (22 octobre 1798) ; la seconde est un document original revêtu du cachet de huit des principaux cheiks ou ulémas du Caire. — Elle est rapportée par El-Gabarti, et on la

retrouve dans le recueil des pièces diverses ; Thibaudeau en fait mention (*).

La voici traduite :

« *Nassiha* (**) des *ulémas* (***) de l'islam du
« Caire.

« Nous vous informons, ô croyants, habitants des
« villes et contrées égyptiennes ; ô habitants de la
« campagne, « ourbans » (****) et « fellahs » (*****) !
« qu'Ibrahim Bey, Mourad Bey et tout le reste des gens
« du gouvernement des Mamelouks, ont adressé à
« toutes les provinces égyptiennes plusieurs écrits et
« proclamations, dans le but de semer la sédition dans
« le peuple, et ont prétendu que ces proclamations
« viennent de la part de notre Grand Seigneur le Sul-
« tan ; ce qui est mensonge et calomnie ! La cause en
« est qu'ils sont très désolés, très affligés et très cour-
« roucés contre les « Ulémas » du Caire et contre la
« population qui n'ont pas abandonné leurs enfants et
« leurs foyers pour les rejoindre. Ils ont pour dessein
« de semer la discorde et la haine entre la population et
« l'armée française, afin de causer la ruine du pays,
« de détruire toute la nation et de calmer ainsi l'afflic-
« tion qu'ils éprouvent par suite de la perte de leur

(*) THIBAUDEAU, t. 1, p. 413.
      Pièces diverses, t. 1, p. 244.
      GABARTI, t. 3, p. 31.
(**) Avertissement, conseil, avis.
(***) Savants instruits.
(****) Bédouins.
(*****) Cultivateurs ou laboureurs.

« empire et de leur exclusion de l'Égypte-protégée.
« S'ils avaient dit la vérité, c'est-à-dire si ces écrits
« émanaient du Sultan des Sultans, Sa Hautesse les
« aurait ouvertement envoyés avec des « Agha » (*)
« spéciaux.

« Nous vous faisons savoir aussi que notamment la
« nation française, plus que toutes les autres nations
« européennes, aime les musulmans et leur religion,
« déteste les polythéistes et leurs œuvres.

« Amis de notre Seigneur le Sultan, les Français
« travaillent à son triomphe ; fidèles à sa personne, ils
« persévèrent dans leur amitié et dans leur alliance
« avec Lui et Lui prêtent leur aide ; ils aiment ses
« amis et haïssent ses ennemis ; c'est pour cela
« qu'existe entre les Français et les « Moscous » (**),
« la plus grande haine ; car les Russes, à cause de leur
« inimitié pour les musulmans et les monothéistes,
« aspirent à l'invasion de la ville préservée, Constan-
« tinople et emploient toutes sortes de ruses et d'in-
« trigues pour s'emparer de toutes les possessions
« ottomanes dans l'Islam. Mais s'ils n'atteignent pas
« leur but, c'est grâce à l'alliance de la nation fran-
« çaise avec la Sublime-Porte et grâce à son amitié et
« à son appui.

« Les Moscous veulent s'emparer de Sainte Sophie
« ainsi que du reste des mosquées musulmanes pour
« les transformer en églises et les consacrer à leurs

(*) Janissaires en chef qui avaient autorité sur les troupes et sur
la population.
(**) Russes.

« adorations impies, à leur religion honteuse et
« abominable ; mais, plaise à Dieu, la nation française
« viendra en aide à notre Seigneur le Sultan pour lui
« faire conquérir les pays des « Moscous » et pour en
« exterminer le peuple.

« Nous avertissons donc toutes les Provinces égyp-
« tiennes de ne point agiter la discorde et la haine
« entre les nations et de n'opposer à la nation fran-
« çaise aucune sorte de méchanceté, car, en cas con-
« traire, elles en subiront les conséquences et elles
« périront.

« N'écoutez pas les paroles des perturbateurs et
« n'obéissez pas aux pervers, car ils ne sont capables
« que de perversités sur cette terre et vous n'aurez
« que des déceptions. Mais, au contraire, payez bien
« l'impôt de capitation que vous devez à tous les
« Moultazimin » (*) afin de rester en paix dans vos
« foyers, confiants et tranquilles pour vos enfants et
« vos biens ; car le général en chef Bonaparte a con-
« venu avec nous de n'inquiéter personne dans sa
« religion, de ne rien opposer aux lois divines, de dé-
« livrer les sujets de toutes les oppressions, de se
« borner à percevoir les taxes légales et d'abolir les
« exactions instituées par les tyrans.

« N'espérez rien d'Ibrahim ni de Mourad et retournez
« à votre Dieu, le Seul Souverain de l'Univers et Créa-
« teur des peuples. Son très-vénérable Prophète et

(*) Concessionnaires, traitants ; ils étaient chargés de la police et
de l'administration de certains villages.

« Apôtre a dit: «La sédition dort, maudisse Dieu qui
« la réveille parmi les peuples ». Adressons-lui nos
« meilleures prières et nos humbles saluts ».

Signé : Celui qui forme des vœux pour vous, EL-SAID
KHALIL EL-BAHRI EL-SEDEFI, NAHIB (*).

Cacheté : EL-SADAT EL-ASHRAF.

Cacheté : HASBY ALLAH OUA NEEM AL WÉKIL ABD
KHALIL (**).

Signé : Celui qui forme des vœux pour vous, l'humble
ABDALLAH EL-CHARKAOUI, que Dieu lui pardonne !

Cachet : KHADEM EL-ELM ABDALLAH CHARKAOUI CHEIKH
KAAN CHÉRIF, au Caire (***).

Signé : Celui qui forme des vœux pour vous, l'humble
MOUSTAPHA EL-SADY EL-CHAFII (****).

Cachet : (Illisible).

Signé : Celui qui forme des vœux pour vous, l'humble MOHAMED EL-AMIR MOUFTI EL-MALE-
KI (*****)

Cachet : (Illisible).

Signé : Celui qui forme des vœux pour vous, l'humble
MOHAMED EL-MAHDY EL-HAFNAOUI EL-
CHAFII (******)

(*) Représentant de la noblesse.

(**) Dieu est mon soutien et quel défenseur ! son esclave Khalil.

(***) Le serviteur de la science Abdallah Charkaoui, chef du Bazar Chérif au Caire.

(****) Suivant la doctrine de Chafii, l'un des quatre Docteurs qui ont fondé les quatre
rites de l'Islam ; les trois autres sont Malek, Hanafi et Hambali.

(*****) Jurisconsulte Malékite.

(******) Chaféite.

Cacheté : MOHAMED EL-MA'HDI EL-HAFNÀOUI que Dieu
lui pardonne, l'humble SOLIMAN EL-FAYOUMY
EL-MALEKY (*).

Cachet : ALY KHAMY (?) SOLIMAN ALOUMY l'humble
AL-MONCY EL-HANAFI (**).

Cachet et signé : Celui qui forme des vœux pour vous,
ABDO (***) EL-SAID AHMED ABOU
L'ATKAN l'humble MOUSSA EL-SERSI
EL-CHAFII.

Cachet : (Illisible).

Cachet et signé : Celui qui forme des vœux pour vous,
l'humble EL-SAID MOHAMED EL-DA-
NAKHLI EL-CHAFII.

Cachet : (Illisible).

Signé : Celui qui forme des vœux pour vous, l'humble
EL-SAID MOUSTAPHA EL-DAMHLAOUI.

Cachet : (Illisible).

Au nombre des auteurs des troubles étaient deux
membres du Divan Général; Bonaparte ordonna la
dissolution de cette assemblée. Deux mois plus tard, il
la rétablit avec des attributions et une composition
différentes.

La publication du nouvel arrêté organique en huit
articles, fut précédée d'une proclamation rappelant les
causes de la suppression du premier Divan et réitérant
les appels à la loyauté et à la fidélité de tous les habi-

(*) Malékite.
(**) Hanafite.
(***) Esclave (de Dieu).

tants du pays. Proclamation et arrêté furent imprimés et placardés dans toute la ville. J'en dépose un exemplaire sur votre bureau, Messieurs, sans qu'il soit utile de vous lire ces documents qui ont été reproduits exactement dans l'ouvrage de Thibaudeau, dans les Pièces diverses et dans El-Gabarti (*). Il porte la date du 1er nivose an VII (21 novembre 1798), et fut inséré dans le numéro du *Courrier d'Égypte* qui porte la date du 9 nivose.

L'un des premiers actes du nouveau Divan fut d'apprendre aux habitants du Caire, le 7 janvier 1799, que Bonaparte avait décrété une amnistie générale.

Je communique à l'Institut la minute originale de cette proclamation ; elle porte deux fois le cachet du secrétaire Mohamed el Magdi ; une première fois, à côté du nom d'Abdallah El Charkaoui, président, pour remplacer son cachet ; une seconde fois, à côté de son propre nom, pour certifier la sincérité de l'acte.

Les historiographes français ont ignoré ce document ; El-Gabarti seul (**) l'a signalé.

Permettez-moi de vous en lire la traduction.

(*) THIBAUDEAU, t. 2, p. 75.
     Courrier d'Égypte, N° 23.
     Pièces diverses, t. 1, p. 247.
     EL-GABARTI, t. 3, p. 37.
(**) EL-GABARTI, t. 3, p. 42.

*Traduction d'une proclamation du Divan Khous-
soussi (Conseil Privé) à tous les habitants du
Caire, annonçant une amnistie générale.*

(27 Nivose an VII.)

DIEU SEUL EST LOUÉ !

PROCLAMATION

*Émanant du Divan Koussoussi composé des sages de la popula-
tion, des savants musulmans, des Ouegaks et des négociants
notables.*

A tous les habitants du Caire, sans distinction.

Peuple du Caire,

« Nous vous informons que le général en chef Bo-
« naparte, *Emir* des armées françaises, dans sa haute
« bienveillance, a amnistié la population des consé-
« quences des soulévements et des méchancetés que le
« bas peuple a commis contre les soldats français. Le
« général en chef a universellement pardonné et a
« rétabli le *Divan Khoussoussi* dans la maison de
« *Kaied Agha,* à l'Esbékieh ; il l'a formé de quatorze
« membres possédant les connaissances et les capa-
« cités voulues ; ces membres ont été choisis par tirage
« au sort parmi soixante candidats nommés par un
« *firman* dans le but d'établir la tranquillité chez les
« habitants du Caire sans distinction et de leur accor-
« der les meilleures réformes.

« Tout cela est l'effet de sa parfaite sagesse, de
« son excellente administration, de son grand amour

« pour l'Égypte et de sa clémence pour ses habitants,
« petits ou grands.

« Il a installé ces quatorze membres dans la sus-
« dite maison avec ordre de s'y rendre tous les jours,
« afin de pourvoir aux besoins de tous et de rendre
« justice aux opprimés.

« Il a puni ceux de ses soldats qui se sont mal con-
« duits et qui ont commis des actes de violence dans la
« maison du savant cheikh El-Gohari, cheikh des mu-
« sulmans ; il en a fait fusiller deux à « Karamidan », et
« a dégradé toute leur compagnie, car la trahison
« n'est pas du caractère français, surtout contre les
« femmes, filles ou veuves ; chez eux, il n'y a que les
« individus abjects qui commettent ces actes infâmes.
« Il a fait arrêter à la Citadelle un chrétien, fermier
« des octrois, parce qu'il a appris que cet homme com-
« mettait des exactions contre les habitants, à l'octroi
« du Vieux-Caire.

« Le général en chef a agi ainsi dans un esprit de
« prévoyance, pour servir d'exemple aux autres et
« empêcher le retour de toute injustice contre les
« créatures humaines.

« Il fait creuser le canal qui relie le Nil à la mer, à
« Suez, afin d'alléger les frais de transport de l'Égypte
« au Hedjaz, pour préserver les marchandises des vo-
« leurs et des bandes de malfaiteurs, et développer ainsi
« chez vous le commerce des Indes, de l'Yémen et de
« toute autre contrée lointaine.

« Occupez-vous donc des devoirs de votre religion
« et du but de votre existence ; abandonnez les
« querelles et le mal ; n'obéissez pas à vos passions ;

« soumettez-vous à la volonté de Dieu et menez une
« bonne conduite.

« De cette façon, vous éviterez les causes de faiblesse,
« et par suite, la chute dans les regrets ; que Dieu
« vous accorde à tous la bonne intelligence et la sou-
« mission !

« Que celui d'entre vous qui a besoin de quelque
« chose vienne au Divan avec confiance ! Quant à
« ceux qui ont des réclamations légales, qu'ils s'a-
« dressent au juge de l'armée, établi au Caire, rue
« Soukkaria.

« Salut au plus digne des apôtres de la paix. »

Le 9 du mois de Châban 1213.

Signé : L'humble ABDALLAH EL-CHARKAOUI, chef du
Conseil privé.

Cacheté : MOHAMED EL-MAHDI EL-HAFNAWI, qu'il lui
soit pardonné !

Signé : L'humble MOHAMED EL-MAHDI, secrétaire et
chef comptable du Conseil privé.

Bonaparte était résolu à témoigner la plus grande
sympathie aux croyances religieuses des Égyptiens.
En toutes circonstances, il suivit cette règle de conduite. Au mois de Thermidor, il prit part aux fêtes de
l'anniversaire de la naissance du Prophète ; il revêtit le
costume oriental et se déclara protecteur de toutes les
religions. Cette attitude provoqua un véritable enthou-
siasme dans la population qui lui décerna le nom
même du gendre du Prophète ; il devint Aly Bonaparte.

Les pamphlétaires du continent ne manquèrent pas de travestir cette attitude ; ils racontèrent que Bonaparte avait abjuré ; ils rappelèrent qu'il avait renversé le trône pontifical et détruit l'ordre des Chevaliers de Malte ; ils incriminèrent sa présence aux cérémonies de l'Islam et son costume oriental ; quelques uns même laissèrent entendre qu'il s'était fait circoncire ! La Coalition exploita ces libelles ; depuis, l'histoire en a fait justice.

Toutefois le Coran n'admet pas la soumission et l'obéissance des musulmans à une Puissance infidèle ; les Égyptiens étaient donc dominés sans être soumis.

Bonaparte proposa aux cheiks de la religion de publier une fetwah, ordonnant au peuple de lui prêter serment. L'embarras fut grand à El-Hazar. « Pourquoi, dit à Bonaparte le vénérable cheik Charkaoui, « ne vous feriez-vous pas musulmans, vous et toute « votre armée ? Cent mille hommes accourraient sous « vos drapeaux pour rétablir la patrie arabe et vous « soumettriez à vos lois tout l'Orient ». Bonaparte objecta la circoncision et l'abstinence du vin. On discuta longtemps et on prit des délais pour délibérer. Après réflexion, les cheiks décidèrent qu'on pouvait se passer de la circoncision, mais qu'il était impossible à un musulman de boire du vin, sans s'exposer aux peines de l'enfer.

Bonaparte invita les cheiks à réfléchir plus mûrement. Ils délibérèrent alors qu'on pouvait être musulman sans être circoncis et sans s'abstenir de vin, à la condition de faire des bonnes œuvres en rapport avec le vin qu'on buvait. « Alors, s'écria Bonaparte,

« nous sommes tous musulmans et amis du Prophète ! »

Les cheiks crurent ou feignirent de croire à cette déclaration, d'autant plus facilement que l'armée ne professait aucun culte. Bonaparte fit tracer le plan d'une nouvelle mosquée plus grande qu'El-Hazar, et la Fetwah d'obéissance fut délivrée; elle proclamait Bonaparte l'ami et le protégé du Prophète (*)

« Croit-on, dit Napoléon, en revenant, au déclin de
« sa vie, sur ces incidents éclairés par l'aurore de
« sa gloire, croit-on que l'Empire de l'Orient et peut-
« être la sujétion de toute l'Asie n'auraient pas valu
« des pantalons et un turban ? Je prenais l'Europe à
« revers ; la vieille civilisation était cernée ; qui eût
« alors songé à inquiéter le cours des destinées de la
« France et de la régénération du siècle ? Qui eût pu y
« parvenir ? Qui eût osé l'entreprendre ? » (**)

C'est animé de ces sentiments que le général en chef ordonna de célébrer en grande pompe la première nuit de Ramadan 1213. Il prescrivit aux aghas de quartier et aux agents de police de laisser tous les habitants jouir, pendant le mois sacré, de toutes les libertés d'usage. Il invita le Divan à prendre toutes les mesures qui ressortissaient à ses attributions, pour que les fêtes fussent célébrées avec plus de ferveur et de solennité que les années précédentes.

Voici, Messieurs, la proclamation du Divan, en date

(*) THIBAUDEAU, t. 2, p. 67.
(**) LAS CASES, t. 3, p. 110.

du 16 Nivose an VII (16 Février 1799), annonçant la
volonté de Bonaparte et relatant la cérémonie qui eut
lieu la veille du premier jour de Ramadan. Cette pièce
me paraît être une simple copie; les noms du cheik
El-Charkaoui et de Mohamed El Magdi y sont apposés
par la main de la personne même qui a tracé l'écriture ; mais l'authenticité du document est incontes-
table; son existence est d'ailleurs établie par une lettre
de Bonaparte à Marmont, en date du 22 Pluviose (*).
Les historiographes n'en parlent pas ; vous trouverez
peut-être quelque intérêt à en écouter la lecture.

*Traduction d'une proclamation du Divan Khous-
soussi, relative aux cérémonies du Baïram.*

De l'Assemblée du Divan Khoussoussi aux habitants
du Caire, d'Egypte.

« Nous vous informons que dès l'approche du mois
« vénéré de Ramadan, nous avons présenté une péti-
« tion au général en chef des troupes françaises, solli-
« citant un décret pour autoriser l'ouverture des bazars
« du Caire, pendant les nuits du mois de Ramadan,
« selon l'ancienne coutume. Le général en chef a favo-
« rablement accueilli notre demande et a donné ordre
« qu'il fût procédé aux cérémonies de l'Islam sur les
« autels et dans les lieux consacrés, en foule, et avec les
« illuminations d'usage, lampions et chandelles; il nous

(*) THIBAUDEAU, t. 2, p. 127.

« a ordonné de ne rien supprimer de ces cérémonies ni
« de leurs pompes.

« Il a voulu en outre que les notables et ceux qui
« sont investis des pouvoirs publics puissent circuler
« dans la ville pendant la nuit, afin de tranquilliser les
« pauvres et les faibles, et de faire naître la joie dans
« les cœurs des partisans du plus grand des Apôtres
« de Dieu.

« *Amine-El-Ehtessabe* (*), accompagné de tous les
« cheiks des corporations, de quelques uns des *Ulé-*
« *mas* et aussi des députés, s'est rendu au palais
« du général en chef, avec un superbe cortège ;
« il n'y en a jamais eu de pareil, ni dans les temps
« passés ni de nos jours ; on y a vu des tambours,
« des officiers, des soldats ottomans et des décorations
« de tout genre. Le général, dans sa haute dignité,
« a reçu ainsi les gouvernants la veille de Ramadan
« et leur a distribué les *Caftans* et les présents
« d'usage. Il a donné à *Amine-El-Ehtessabe* une
« riche pelisse et à *Chorbaggi-El-Ehtessabe* (**) une
« montre en argent de grande valeur, car ayant
« remarqué que ce dernier était le plus âgé des assis-
« tants, il en a eu compassion et miséricorde.

« Tous ont défilé ensuite, se dirigeant vers la demeure
« de Notre Seigneur l'*Effendi Kadi Islam* (***) qui,
« dès que la vue du croissant de la lune a été constatée,

(*) Contrôleur général du commerce des vivres ; il était investi de
pouvoirs étendus et sa position était très-considérée.

(**) Chef des notables propriétaires.

(***) Cadi principal.

« a ordonné de crier pour annoncer le jeûne à la nation
« du meilleur des apôtres de Dieu. — Que nos prières et
« nos saluts l'accompagnent ! »

> *Signé :* Celui qui vous fait ses bons souhaits, l'humble
> ABDALLAH EL-CHARKAOUI « Raïs du Di-
> ، van » (*)

> *Signé :* Celui qui vous fait ses bons souhaits, l'humble
> MOHAMED EL-MAHDI EL-HAFNAOUI, secré-
> taire du Divan, qu'il lui soit pardonné !

Des préoccupations poignantes assaillirent bientôt
Bonaparte.

La pression des ennemis de la République Française
avait décidé la Sublime Porte à entrer en campagne. Le plan arrêté à Constantinople comportait la
formation de deux armées de 50,000 hommes, l'une
à Rhodes, l'autre en Syrie. Toutes deux devaient pénétrer en Égypte, vers le mois de juin ; la première par
Damiette ou Aboukir, la seconde par le désert, de
Ghaza à Salahieh. Djezzar Pacha avait commencé les
hostilités en s'emparant d'El-Ariche et la rumeur publique, fomentée par des émissaires, annonçait qu'il avait
été nommé par le Sultan, Pacha d'Égypte.

Bonaparte voulut déconcerter et terrifier les Turcs
par un de ces coups de foudre qui caractérisent son
génie militaire. Il confia au général Dugua le com-
mandement du Caire ; il laissa à Marmont celui d'Alexandrie ; il chargea l'adjudant général Almayiras de

---

(*) Président du Conseil.

garder Damiette; — puis, il s'achemina vers la Syrie. L'armée avait pris les devants; il devait la rejoindre aux environs d'El-Arich.

Ce départ fut l'occasion, pour le Divan, d'une nouvelle proclamation dont la pièce que je vous communique est probablement la copie; elle fut envoyée à l'Imprimerie Nationale, le 23 Pluviose an VII (11 février 1799).

Au point de vue de la forme, ce document est absolument semblable à celui qui contient le récit de la cérémonie du premier Ramadan. Quant au texte, je ne l'ai retrouvé dans aucun des historiographes; je vous en offre, Messieurs, la traduction :

Traduction d'une proclamation du Divan Khoussoussi annonçant le départ de Bonaparte pour la Syrie.

Du Divan Khoussoussi du Caire, réuni.

« *A toutes les Provinces Égyptiennes.*

« Nous vous informons que dans la journée d'hier,
« cinq du mois vénéré de Ramadan, est parti Bona-
« parte, le général en chef des armées françaises; il
« sera absent pendant trente jours; il est allé faire
« la guerre au grand Ibrahim Bey et aux autres
« Mamelouks afin de délivrer le reste des provinces
« égyptiennes de ces tyrans avec lesquels il n'y a
« aucune paix et dont le gouvernement n'a de misé-
« ricorde pour personne.

« Les avant-postes des armées françaises sont
« maintenant à El-Arich et sous peu vous appren-

« drez la nouvelle de la défaite d'Ibrahim Bey et
« de ses compagnons, qui sera pareille à la défaite
« de son frère Mourad Bey dans les provinces de la
« Haute-Égypte. Ainsi seront extirpés de la Syrie
« nos ennemis, comme ils ont été entièrement extirpés
« de la Haute-Égypte et il n'y aura plus lieu à des
« propos malicieux ni à des mensonges comme ceux
« que vous entendez.

« Nous vous informons aussi que le général en chef
« — respectueusement précité — renouvelle en lui-
« même tous les jours ses intentions bienfaisantes et
« miséricordieuses pour vous. Tous les jours renaît
« dans son âme la ferme résolution d'avoir pour vous
« pitié et compassion.

« Tels sont ses sentiments et son intention de faire
« le bien.

« Puisse la bénédiction de sa bonne volonté — par
« la volonté de Dieu, qui lui a donné le *Royaume*
« *d'Égypte* et le triomphe sur les pervers Mamelouks
« qui opprimaient le pays — rendre aux habitants de
« toutes les provinces égyptiennes le bonheur et la
« prospérité ! Alors la joie et la prospérité atteindront
« leur apogée dans toutes les parties de l'Égypte sous
« le règne de son *Sultan* Bonaparte ! Dès qu'il aura
« définitivement délivré et purgé le pays des Mame-
« louks, il emploiera ses soins, sa haute intelligence et
« son jugement solide à l'achèvement des réformes ad-
« ministratives et à l'amélioration de l'agriculture aussi
« bien qu'au progrès du commerce.

« Par sa sagacité et son bon gouvernement, il fera
« renaître les beaux-arts, la littérature et l'industrie ; il

« renouvellera les éminentes œuvres des sages anciens.

« Sous son règne, vivront en paix les pauvres et les
« faibles !

« Agriculteurs et habitants des villages, observez
« une bonne conduite et évitez, pendant l'absence du
« général, les mensonges et les mauvaises actions, afin
« qu'à son retour, après ce laps de temps d'un mois,
« il vous trouve dans la meilleure et la plus irrépro-
« chable conduite. Il sera content de vous ; il vous
« favorisera et vous traitera avec clémence.

« Mais si vous commettiez, en son absence, la moin-
« dre infraction, le moindre acte de désobéissance,
« vous seriez anéantis et vos regrets ne vous servi-
« raient de rien ; — il serait trop tard.

« Sachez que la destruction du gouvernement des
« Mamelouks et le triomphe de votre *Sultan*, le géné-
« ral en chef, ne sont que la volonté, la sentence
« et l'ordre de Dieu Tout-Puissant ; or tout homme
« sage doit se conformer à la décision du Très-Haut et
« se soumettre au chef qu'Il a élu, car Dieu confie son
« *Royaume à qui Lui plait.*

« Que le salut et la miséricorde de Dieu soient avec
« vous. »

Signé : L'humble Abdallah El-Charkaoui, Raïs du
Divan.

Signé : L'humble (qui vous fait ses bons souhaits)
Mohamed El-Mahdi El-Hefnaoui, (que
Dieu lui pardonne), secrétaire du Divan.

Les quelques coups de canon tirés par la croisière
anglaise dans les eaux d'Alexandrie n'avaient pas
détourné Bonaparte. Le 19 février 1799, il était devant

El-Ariche ; le 20, les tours du château étaient attaquées et la brèche ouverte ; le soir du même jour, les
assiégés étaient sommés de se rendre. Le 21, on parlementa ; le 22, la garnison mit bas les armes et fut
autorisée à se retirer à Bagdad, par la voie du désert.
Les Français trouvèrent dans le fort deux cent cinquante chevaux, deux pièces d'artillerie, et dans les
magasins, des approvisionnements considérables en
vivres et en munitions.

Le général expédia au Caire les drapeaux enlevés à
l'ennemi, une demi-douzaine de Beys et trente Mamelouks prisonniers ; il invita en même temps Dugua
à se concerter avec le Divan pour que les drapeaux
fussent suspendus aux voûtes de la Mosquée d'El-Hazar, comme trophée de la victoire remportée sur les
ennemis de l'Égypte. Cet envoi parvint au Caire, la
veille du Baïram ; des salves d'artillerie furent tirées et
les drapeaux furent attachés aux minarets d'El-Hazar.

Un fragment de texte, mi-partie arabe mi-partie
français, contresigné par le général Dugua, semblerait indiquer que la population fut renseignée sur
l'événement par la lecture publique de lettres de Bonaparte et de Berthier. — El-Gabarti parle, en effet,
d'une proclamation orale, au sujet de la prise d'El-Ariche. Les historiographes français se bornent à raconter
les faits et ne citent que des extraits inexacts (*).

(*) Thibaudeau, t. 2, p. 157.
    Berthier, p. 46.
    I. J. L. Roy, p. 160.
    El-Gabarti, t. 3, p. 46.

Je communique à l'Institut le fragment parvenu entre mes mains.

Fragment des textes de deux lettres de Berthier et de Bonaparte à Dugua.

4 Ventose an VII (27 Ramadan 1213).

Copie de la fin de la lettre de Berthier (traduction) :

« ...... et l'orge ; nous avons trouvé des chameaux,
« des dromadaires et trois cents bons chevaux. —
« Salutations.

« *Signé :* ALEXANDRE BERTHIER.

« Lieutenant du général en chef. »

Copie de la lettre du général en chef à son lieutenant, le général Dugua, en date d'El-Ariche, 4 Ventose an VII :

« Il vous parviendra treize drapeaux, six Beys et
« trente Mamelouks que veuillez favoriser et leur ren-
« dre leurs maisons ; mais vous veillerez bien sur eux
« et surveillerez de près leur conduite particulière.
« Vous leur confirmerez l'engagement que j'ai pris
« vis-à-vis d'eux de les traiter généreusement, dans
« le cas où, à mon retour, je vous trouverai content
« d'eux.

« Quant aux drapeaux, il faut les hisser dans l'inté-
« rieur de la mosquée *El-Hazar* en signe de vic-
« toire et de triomphe sur les troupes des Mame-
« louks égyptiens, celles du Djezzar et des ennemis
« des Égyptiens.

« Faites savoir aux habitants du Caire et de Da-
« miette qu'ils peuvent envoyer des caravanes en

« Syrie ; qu'il leur sera facile d'y vendre leurs mar-
« chandises avec bénéfice et que leurs biens et leurs
« effets seront absolument respectés et soignés. —
« Salutations.

« Signé : BONAPARTE.

« Fait le 27 Ramadan 1213. »

*Copie du fragment de lettre de Bonaparte, certifié conforme par
le général Dugua (traduction).*

..... « par l'armée d'Égypte, sur Djezzar et les
« ennemis des Égyptiens.

« Faites connaître aux habitants du Caire et de
« Damiette qu'ils peuvent envoyer des caravanes en
« Syrie, qu'ils y vendront bien leurs marchandises
« et que leurs propriétés seront respectées.

« J'ai enrôlé trois ou quatre cents mograbins, qui
« marchent avec nous.

« Signé : BONAPARTE. »

*Copie du fragment de la lettre d'Alexandre Berthier, général de
division, chef de l'état-major général de l'armée.*

« AU GÉNÉRAL DUGUA,

« Je vous annonce, citoyen général, que le fort
« d'El-Ariche s'est rendu hier dans l'après-midi. La
« garnison était de quinze cents hommes ; la brèche
« était déjà praticable et ce n'a été que par humanité
« et pour épargner le sang de ces malheureux que le
« général en chef a admis la garnison à capituler.

« Les troupes sorties du fort se rendent à Bagdad
« en prenant la route du désert. Quelques soldats
« retournent en Égypte pour leurs affaires.

« Nous avons trouvé dans la forteresse des magasins
« considérables de biscuits, de riz et d'orge, des cha-
« meaux, des dromadaires et trois cents beaux chevaux.

« *Signé :* ANDREOSSI.

« Pour copie conforme : « *Signé :* DUGUA. »

Le 9 mars, Bonaparte adressait une proclamation
aux habitants de Gaza, de Ramleh et de Jaffa pour
les inviter à se soumettre. Cette proclamation fut
publiée au Caire ; elle a été reproduite par les historiographes (*). Il est superflu de s'y arrêter. La copie
que j'en remets à l'Institut est celle qui fut envoyée à
l'Imprimerie Nationale.

Le 12 mars, le Divan annonçait aux Cairotes la prise
de Gaza. La pièce que je vous présente contient cette
nouvelle ; sa forme indique qu'elle était destinée à
être placardée ; elle n'a pas été publiée ; seulement
elle est relatée dans les récits d'El-Gabarti (**).

Je vous en donne la traduction :

*Traduction du texte arabe d'une proclamation du
Divan Khoussoussi pour informer que l'armée
française, sous les ordres du général Kléber,
s'est emparée de Gaza. (15 Chawal 1213.)*

« Au nom de Dieu clément et miséricordieux, et il
« n'y a de tyrannie que contre les tyrans !

(*) THIBAUDEAU, t. 2, p. 177.
Pièces diverses, t. 1, p. 155.
I. J. L. ROY, p. 177.
EL-GABARTI, t. 3, p. 47.
(**) I. J. LE ROY, p. 164.
EL-GABARTI, t. 3, p. 46.

« Nous faisons savoir à toutes les populations du
« Caire et des provinces, qu'un Firman écrit à
« Gaza par le Vizir en chef (*), général Alexandre
« Berthier, et adressé au général Dugua, représen-
« tant du général en chef, est venu l'informer que
« les soldats français ont passé la nuit du 19 du mois
« de Ramadan dans Khan Youness (**) et que le
« lendemain de la dite nuit, à l'aurore, ils ont marché
« sur Gaza. Une heure avant midi, ils ont découvert
« les soldats des Mamelouks et ceux du Djezzar cam-
« pés dans cette ville. Alors le général Murat se dirigea
« vers eux avec la cavalerie et l'infanterie de l'armée
« française dans l'intention de les exterminer ; mais
« dès que les ennemis le reconnurent, ils prirent la
« fuite. Cependant, il y a eu entre les Français et leur
« arrière-garde un léger combat dans lequel deux
« soldats français ont été blessés et un tué.

« Tandis que le général Murat engageait l'attaque
« et le combat, le général Kléber, qui a été comman-
« dant à Alexandrie, et qui a eu son domicile à l'Esbé-
« kieh, entrait dans la ville de Gaza et s'en emparait
« sans rencontrer d'opposition. Il y trouva des maga-
« sins remplis de munitions, de biscuits, d'orges, qua-
« tre cents *kantars* (***) de poudre, douze canons, et
« un dépôt contenant un grand nombre de tentes,
« d'obus et de bombes préparés et disposés à la façon
« européenne.

(*) Chef d'état-major général.
(**) Bazar Youness.
(***) Le kantar pèse 45 kilos 55 grammes.

« .Telles sont les circonstances de l'occupation de Ga-
« za ; nous vous avons déjà précédemment informés de
« celles de la prise d'El Ariche.

« Demeurez donc dévoués à Dieu, soumettez-vous à
« Sa volonté et édifiez-vous des sentences de Votre
« Seigneur qui vous a créés.

« Nous terminons en vous saluant.

Fait le 5 chawal 1213.

Signé : L'humble ABDALLAH EL CHARKAOUI, Raïs du
Divan, au Caire.

Signé : L'humble MOHAMED EL MAHDI, secrétaire du
Divan, au Caire.

Le 30 Mars, une nouvelle proclamation annonça la
prise de Jaffa ; je dépose sur le bureau de l'Institut une
copie arabe manuscrite de ce document qui fut inséré
au *Courrier d'Égypte* sous la date du 19 Germinal
an VII ; il a été reproduit par la plupart des auteurs (*).

De cette série de proclamations, la dernière pièce
que je possède fut affichée au Caire, par les soins du
Divan, le 30 avril 1799 ; elle contient des nouvelles
de l'armée et rappelle des demandes de munitions.

(*) THIBAUDEAU, t. 2, p. 164.
Le *Courrier d'Égypte*, N° du 19 Germinal.
Mémoires de BERTHIER.
S. J. L. ROY, p. 168.
EL-GABARTI, t. 3, p. 49.

C'est une copie semblable à celle que je viens de faire
passer sous vos yeux. Elle n'est qu'une suite aux publi-
cations en résumé, des lettres de Bonaparte à Dugua,
à Marmont ou à Almayras; mais elle nous donne la
preuve intéressante que la population fut constam-
ment renseignée sur les opérations militaires. El-
Gabarti, seul encore, mentionne cette pièce, mais il la
rapporte très inexactement; je vous la lis dans une traduction fidèle :

*Traduction d'une proclamation du Divan Khous-
soussi à tous les habitants du Caire, relativement
à l'envoi de munitions à Acre.*

« De l'Assemblée du « Grand Divan » du Caire.

« Au nom de Dieu Clément et Miséricordieux — il
« n'y a de tyrannie que contre les tyrans !

« Nous apprenons à tous les habitants du Caire
« qu'une lettre d'Acre, adressée par le général en chef
« à son lieutenant général à Damiette, datée du 9 Al
« Kadeh de cette année, est arrivée; elle est conçue
« en ces termes :

« Je vous ai expédié à Damiette, à la date du 25 et
« du 26 Chawal, deux voiliers, vous faisant connaître
« qu'il était nécessaire d'envoyer une certaine quan-
« tité d'obus et de munitions à nos soldats qui occu-
« pent Gaza et Jaffa, et cela par surcroît de précau-
« tions.

« Dans notre camp, nous possédons une quantité
« considérable d'obus, de munitions et de provisions.
« Nous avons surtout beaucoup d'obus, car nous avons

« recueilli un grand nombre de ceux que l'ennemi
« nous a lancés, comme si nos ennemis nous étaient
« venus en aide.

« Je vous apprends aussi que nous avons préparé
« une mine d'une profondeur de 30 pieds et l'avons
« prolongée jusqu'à 18 pieds du mur de l'enceinte inté-
« rieure (d'Acre).

« Nos soldats se sont approchés du côté où nous
« combattons ; nous ne sommes plus séparés du rem-
« part que par une distance de 48 pieds.

« Quand la population verra les bons exemples, elle
« abandonnera les querelles et reviendra au Grand et
« Très-Haut !

« Je termine en vous saluant. »

En deux mois, le péril, du coté de la Syrie, avait été
conjuré par l'admirable campagne de Bonaparte. Res-
tait l'armée en formation à Rhodes. Sidney Smith ne
cessait de réclamer une action immédiate.

Le 12 juillet, une flotte ottomane de cent voiles
mouillait devant Aboukir. Trois jours après, les Turcs
s'emparaient de la redoute et du fort.

Bonaparte confia à Desaix le soin de contenir Mourad
Bey sur les limites de Ghizeh ; à Reynier, celui de sur-
veiller Ibrahim Bey du coté de El-Ariche, de Salayeh
et de Bilbeis ; — puis, il marcha à l'ennemi.

Moustapha Pacha, sur les indications et les conseils
de Sidney Smith, avait établi son armée, forte de 18,000
hommes, sur deux lignes parallèles, adossées à la mer
et aux lacs.

D'Estaing, Lannes, Kléber, Davoust et Murat commandaient les troupes françaises.

Le 25 juillet, à la pointe du jour, D'Estaing et Lannes attaquèrent la première ligne turque. Murat, par un mouvement rapide comme la pensée, pénétra avec sa cavalerie entre les deux lignes ennemies et, sabrant la première, la jeta dans le lac Madieh et dans la mer. Tous les efforts se portèrent ensuite sur la seconde ligne dont la résistance fut opiniâtre. Lannes parvint à forcer la redoute, et Murat, au même instant ordonna à ses cavaliers de traverser de part en part toutes les positions occupées encore par les Turcs. Ce fut le signal de la déroute. — Moustapha Pacha fut fait prisonnier. — Sidney Smith, qui avait effectivement rempli les fonctions de chef d'état-major général, réussit à rejoindre sa chaloupe et à s'échapper. — Kléber, chargé de l'arrière-garde, arriva trois heures trop tard sur le champ de bataille. Le fort d'Aboukir résista ; mais exténués de faim et de soif, les malheureux soldats qui le défendaient se rendirent à merci, le 2 août (15 Thermidor an VII).

Cette grande nouvelle parvint au Caire le 8 août. Le général Dugua la communiqua au Divan, dans une lettre fort simple qui fut immédiatement imprimée et placardée dans toute la ville, avec les signatures habituelles du président et du secrétaire du Divan.

La copie arabe de cette lettre, que j'ai l'honneur de communiquer à l'Institut, porte la mention suivante :
« Vu, bon à imprimer sur le champ, au Caire, le
« 20 Thermidor an VII. L'Administrateur général,
« Poussielgue. »

C'est un document inédit; en voici la traduction :

Traduction du texte arabe d'une lettre du général Dugua adressée au Divan pour l'informer de la prise de la forteresse d'Aboukir.

22 Thermidor an VII.

Copie d'une lettre parvenue au Divan adressée par le général Dugua, commandant actuel du Caire, à tous les Ulémas de l'Islam et à tous les Administrateurs du Divan.

« Je commence par mes meilleures salutations et
« l'expression de mon grand désir de vous voir.

« Vous n'ignorez pas que j'ai reçu la nouvelle cer-
« taine que les soldats français ont conquis la forte-
« resse d'Aboukir, le 14 Thermidor correspondant à
« fin Safer 1214, et qu'ils y ont fait 3000 prisonniers
« parmi lesquels se trouve le fils de Moustapha Pacha;
« le fait est que les navires de la flotte qui a abordé
« sur la rive d'Aboukir portaient 15,000 soldats, qui
« ont été anéantis et détruits; pas un n'a pu se sau-
« ver !

« Je vous invite, au nom du général en chef Bona-
« parte, à répandre immédiatement et partout cette
« grande nouvelle et à l'afficher dans toutes les pro-
« vinces de l'Égypte, car elle doit causer à tous joie
« et satisfaction !

« Vous devrez me faire connaître de suite la prompte
« publication de cette nouvelle.

« En outre, je vous annonce que le général en chef
« Bonaparte, viendra prochainement auprès de nous.

« Que Dieu vous conserve, et je termine en vous
« saluant.

Le 22 Thermidor an VII, correspondant au 7 rabi awel 1214.

Signé : El Cheik ABDALLAH EL CHARKAOUI, Raïs du
Divan, au Caire.

Signé : El Cheik MOHAMED EL MAHDI, secrétaire du
Divan, au Caire.

Suit en français : Vu et bon à imprimer sur le champ.

Au Kaire, le 22 Thermidor, an VII.

L'administrateur général des Finances,
Signé : POUSSIELGUE

Ces victoires, ces triomphes étaient accompagnés
de graves soucis, d'embarras quotidiens. Les émissaires des Turcs et des Anglais parcouraient le pays.
Détracteurs obligés de Bonaparte et de son œuvre, ils
employaient tous les procédés ordinaires pour le dis-
créditer aux yeux de la population ; ils mettaient à
profit toutes les occasions pour amoindrir le respect
ou la crainte des Égyptiens.

Des lettres furent interceptées et altérées. Après
leur avoir fait subir les changements opportuns, on
les répandit dans la population pour réveiller des sentiments de fanatisme, de haine et de vengeance, en
racontant des violences, des crimes ou des exactions
imaginaires, — pour témoigner que Bonaparte était
affaibli et faire croire au découragement, à la misère
des soldats et à leur désir ardent d'abandonner au plus
tôt, c'est-à-dire dès qu'ils en auraient le moyen, la
terre d'Égypte.

J'ai retrouvé l'un de ces factums, véritable instru-

ment de sédition ; j'ai l'honneur de vous le communiquer. Il contient cinq lettres. Les deux premières sont
indiquées comme des copies de lettres de Bonaparte et
de son état-major au Directoire ; elles ont été fabri-
quées à l'aide de la correspondance surprise ou livrée
de Bonaparte. — La troisième est une lettre purement
imaginaire de l'état-major français au Directoire.
— La quatrième est donnée comme écrite par un
Français du Caire à un Français établi à Chypre.
— La cinquième, aussi sincère que les précédentes,
porte le nom d'une signature et de son destinataire ;
elle est attribuée à Ponté, soldat français à Damiette et
adressée à Cheilan, autre soldat français, en France.
Ces documents n'ont été ni cités ni reproduits.
En voici la traduction :

*Copie d'une lettre de Bonaparte et de son état-major,
au Directeur du pays des Français, que Dieu les
damne !* (sic).

« *Teneur :* — Nous avons présumé que l'expédition
« d'Égypte était chose facile, mais nous l'avons trou-
« vée chose fort difficile.

« Nous sommes soudainement arrivés à Alexandrie,
« nous avons surpris les habitants, et nous avons
« occupé la ville. Nous avons ensuite employé tou-
« tes sortes d'astuces et d'expédients pour nous attirer
« les Bédouins de ces parages ; nous leur avons fait de
« fausses promesses et, grâce à eux, nous sommes
« entrés victorieux au Caire.

« Cependant, la plupart des soldats qui étaient avec
« nous ont disparu ; les troupes qui nous restent sont

« peu nombreuses, et insuffisantes pour contenir ce
« pays dont la population est considérable.

« La conduite des Bédouins n'est pas non plus sem-
« blable à celle de tous les hommes ; ils ne nous ont
« accompagnés que parce que nous leurs avons acheté
« à cent écus, ce qui n'en vaut qu'un seul. Partisans
« des espèces sonnantes, ils n'ont de relations, en toute
« circónstance, qu'avec ceux de qui ils peuvent tirer
« du profit.

« Nous avions d'abord convenu avec le Gouverne-
« ment de la République que si nous réussissions à
« conquérir l'Égypte, nous agirions captieusement à
« l'égard de ses habitants et nous nous emparerions
« de leurs biens, mais cette combinaison n'a pas eu
« de succès. Au contraire, nous avons eu besoin de
« prodiguer l'argent pour nous attirer le peuple et
« faire valoir nos prétentions, et si nous n'avions
« pas agi ainsi, nous n'aurions pu conquérir l'Égypte ;
« nous aurions été tous anéantis. Toutefois, nous
« avons été étonnés de la façon de ces Bédouins qui,
« dès que nous avons employé la ruse avec eux, ont
« été circonvenus, surtout quand nous leur avons
« fait croire que notre but était la justice et l'amé-
« lioration de leur sort. — Ils ont prêté foi à nos
« dires! C'est ainsi que nous les avons dominés, que
« nous avons acquis plus de force et que nous nous
« sommes tirés d'affaires avec succès, tandis que si
« nous avions agi suivant notre première combi-
« naison, nous n'aurions pas réussi et les habitants
« de l'Égypte nous auraient vus d'un mauvais œil.

« L'une des cruautés dont nous accablons ce pays

« est de tuer, furtivement et pendant la nuit, un grand
« nombre de ses habitants que nous jetons dans le
« fleuve.

« Nous nous appliquons aussi, par des écrits et
« d'autres moyens, à agiter les habitants de la Syrie,
« à susciter la discorde parmi les peuples et à les
« faire pencher de notre côté.

« Les Bédouins forment des tribus nombreuses et
« nous nous défions de leur méchanceté. Il est donc
« indispensable que vous nous envoyiez des ren-
« forts. Nous y comptons, d'autant plus que la flotte
« anglaise nous persécute et nous recherche partout.
« Elle est entrée dans la rade d'Aboukir et a attaqué
« nos grands vaisseaux ; — elle en a pris neuf, brûlé
« quatre et détruit le reste. — La flotte anglaise a
« aussi souffert ; certains vaisseaux ont été détériorés,
« mais on les répare. Huit grands bâtiments anglais
« sont restés en bon état et assiégent notre petite
« flotte qui se trouve dans le port d'Alexandrie et qui
« ne peut plus en sortir, car elle serait certainement
« anéantie à cause de sa faiblesse.

« Nous n'espérons donc rien de notre marine, des
« renforts nous sont indispensables ; sinon nous se-
« rons anéantis, « broyés comme on broyerait du verre
« avec une pierre » — et notre grandeur et notre re-
« nommée tomberont.

« Nous ne pouvons attendre de secours que de vous,
« et comme vous êtes, vous tous les cinq Directeurs,
« animés d'émulation pour les affaires du pays, vous
« ne nous abandonnerez pas.

« Vous savez maintenant toute la vérité, nous vous
« saluons. »

*Copie d'une autre lettre de Bonaparte et son état-
major, adressée au Directoire du pays des Français, que Dieu les couvre de honte !*

« *Teneur :* Nous sommes entrés en Égypte, bercés
« d'illusions ; mais nous avons été obligés de donner
« aux Bédouins de cette contrée plus d'argent et de ter-
« res qu'ils n'espéraient eux-mêmes, pour pouvoir les
« ranger de notre côté. Si nous devions continuer ainsi,
« nous dépenserions autant de biens que nous pourrions
« en acquérir en dix ans, et encore ne nous suffiraient-
« ils pas ! Si nous ne donnons rien, les Bédouins se
« révolteront contre nous ; c'est pourquoi nous sommes
« dans une inquiétude mortelle.
« Nous avons emprunté aux habitants environ qua-
« tre cent mille tallaris que nous avons ajoutés aux
« sommes que nous avons encaissées d'Alexandrie ;
« nous en disposons, mais ce n'est pas assez.
« Si nous recourrions à de nouveaux emprunts, les
« habitants s'effraieraient et retourneraient aux « *San-*
« *jaks* » (*) et nous serions perdus ; si nous renonçons
« aux emprunts, nous n'aurons plus de quoi subvenir à
« nos frais, et alors les Bédouins nous abandonneront ;
« ainsi, nous sommes dans la plus grande perplexité.
« D'un autre coté, les « *Sanjaks* » qui sont dans la

(*) Beys Mamelouks.

« Haute-Egypte, font tout ce qui dépend d'eux pour
« s'attirer les Bédouins; la Porte Ottomane envoie le
« général Ahmed pacha Djezzar, avec une armée for-
« midable afin que, liguée avec les « *Sanjaks* » et les
« Bédouins, ils puissent nous exterminer.

« Nos troupes se troublent de ces nouvelles et nous
« faisons de notre mieux en employant tous les men-
« songes pour les tranquilliser.

« Telle est notre situation sur terre.

« Quant à notre situation navale, nous vous avons
« déjà fait connaître que la mer nous est fermée.

« Cet état de choses nous gêne infiniment. Vous nous
« avez acculés dans ces contrées avec peu de troupes
« et vous ne nous secourez pas en nous envoyant des
« renforts. Si nous périssons, vous n'auriez plus ni
« renommée, ni influence, mais le déshonneur et la
« honte.

« La flotte de réserve qui est à Toulon est empêchée
« de sortir par les Anglais, mais vous devez savoir
« que si la flotte turque arrivait ici (fût-elle petite)
« elle brûlerait la nôtre. L'hiver approche et si nous
« ne recevons pas les renforts si souvent demandés
« avant cette saison, nous périrons certainement.

« Nous avons cherché, par toutes sortes de subter-
« fuges, à intéresser Djezzar à notre cause et à nous
« l'attirer ; mais cela nous a été impossible, car il
« n'est pas de la trempe de certains hommes qui vous
« sont connus et surtout il nous garde une vieille
« rancune.

« Salut. »

*Copie d'une lettre de l'état-major des Français au
Caire, adressée au Directoire de leur pays : Que
Dieu les extirpe jusqu'au dernier d'entr'eux ! (sic).*

« *Teneur :* Les habitants de l'Égypte sont très-
« nombreux et la chaleur de cette contrée est grande ;
« c'est pour cela qu'elle est souvent visitée par la
« peste.

« Ce fléau sévit parmi nos soldats, et en a déjà
« enlevé un grand nombre, de sorte que si cet état de
« choses durait, les Égyptiens n'auraient besoin de
« personne pour nous faire la guerre : l'épidémie fait
« plus de ravage que la guerre ; *c'est un mal qui*
« *nous tombe du ciel et qui surgit aussi de la terre*
« *en étreignant les Français et en les jetant dans*
« *la plus grande désolation et dans les plus grandes*
« *peines.*

« Nous ne savons plus quoi dire à nos troupes et
« nous allons à l'abîme qui va nous engloutir tous ;
« si vous êtes satisfaits de la conquête de l'Égypte,
« vous avez tort, car nous périssons un à un et bientôt
« nous aurons disparu.

« Quant à Bonaparte, il nous fait tous les jours de
« vaines promesses, mais nous savons qu'il a épuisé
« tous les moyens et qu'il ne peut plus rien.

« Sachez donc que si nous n'avons pas nos renforts
« avant l'arrivée de Kassem, nous périrons certaine-
« ment.

« Salut. »

*Copie d'une lettre d'un Français, adressée à un
autre Français à Chypre pour lui faire connaître
la situation des Français. — Que Dieu les maudisse éternellement !* (sic).

« *Teneur :* Les Français ont fait la conquête de
« l'Égypte dans le but de faciliter et d'étendre notre
« commerce avec l'Orient, mais les événements ont
« tourné contrairement à ces prévisions et nous mar-
« chons vers un grand désastre.

« L'événement d'Alexandrie est d'une très grande
« portée, et vous ne devez pas en ignorer les détails ;
« car ils sont signalés partout et sont devenus notoi-
« res. — Vous devez avoir appris également le résul-
« tat de la bataille qui a eu lieu entre les Français et les
« Anglais à Aboukir, c'est-à-dire la défaite des Fran-
« çais, défaite déshonorante et qui n'a pas eu de pa-
« reille dans les temps écoulés.

« L'amiral anglais assiège Malte et le port d'Alexan-
« drie, de sorte que les troupes de Bonaparte ne peu-
« vent plus attendre de secours et sont jetées dans les
« plus grandes souffrances, la plus grande gêne et
« les plus grandes misères ; elles n'ont plus de muni-
« tions et doivent inévitablement capituler.

« Quant aux Français qui se trouvent au Caire, il y
« sont enfermés et ne peuvent avoir de communica-
« tions d'aucun côté.

« Les flottes turque, anglaise et russe sont coali-
« sées ; elles occupent les mers et entravent tout com-
« merce ; si cet état de choses continuait, nous serions
« absolument ruinés. — Certainement ces flottes cher-

« chent à nous nuire ; ce sont quarante vaisseaux bien
« équipés et elles se composent d'une multitude de
« soldats.

« Les Puissances coalisées expédient contre Bona-
« parte une armée de terre formée de cent mille hom-
« mes bien équipés qui se dirigent sur le Caire.

« La Porte Ottomane a intercepté les lettres que
« Bonaparte envoyait en France et dans lesquelles il
« expliquait qu'il n'a plus à sa disposition qu'environ
« douze mille combattants et que les renforts n'arri-
« vant pas, ses troupes savent pertinemment qu'elles
« courent à leur perte.

« Les Français visaient la conquête de l'Égypte et
« par suite, une grande position et la célébrité parmi
« leurs rivaux, mais les voici réduits à la faiblesse et
« aux dernières extrémités.

« Avant les derniers événements, les Français pou-
« vaient faire la paix avec les Ottomans et éviter de
« combattre ; mais maintenant, il est trop tard pour
« eux ; au contraire, ils sont dans le plus grand embar-
« ras, car les pays moghrabins ont envoyé aussi sur
« les côtes de France des vaisseaux innombrables qui
« porteront la désolation, la misère et la famine.
« L'Espagne s'est liguée également avec les Ottomans,
« les Anglais et les Russes, contre les Français ; elle
« a signé, ces jours derniers, un traité avec la Porte
« Ottomane par l'entremise de son ambassadeur à
« Constantinople.

« En résumé, il n'y a que destruction et souffrances
« générales pour tout ce qui est français.

   « Salut. »

« *Copie d'une lettre d'un soldat français à Damiette,*
« *nommé Ponté, adressée à un autre soldat, en*
« *France, nommé Cheilan.*

« *Teneur :* L'Égypte nous est funeste. — Nous
« regrettons vivement d'avoir quitté notre pays, et
« s'il nous était possible de nous sauver, nous nous
« sauverions bien volontiers. Nous avons beaucoup
« souffert ; vingt-cinq mille d'entre nous ont traversé
« le désert ; ils y sont restés vingt jours et y ont
« enduré toutes sortes de misères et de fatigues, la
« faim et la soif ; de plus, nous étions environnés
« par l'ennemi, attaqués à tout moment par les
« Bédouins qui tuaient beaucoup d'entre nous et
« qui en capturaient bon nombre.

« D'un autre côté, la peste nous a terrifiés et les An-
« glais ont mis le comble à nos inquiétudes en assié-
« geant toutes nos positions.

« S'il nous était possible d'abandonner toutes nos
« conquêtes et de retourner dans notre patrie, nous
« jurerions bien de n'en plus sortir.

Et pour finir comme il avait commencé, le rédacteur
du factum ajoute :

« Nos concitoyens sont tous dans la plus *grande*
« *désolation.* — Que Dieu les damne tous ! (*sic*) ».

Il est temps, Messieurs, que je ferme mon porte-
feuille. Peut-être vous ai-je déjà retenus trop longtemps pour vous entretenir de sujets trop connus